ISBN-13: 978-1539604372

ISBN-10: 1539604373

https://www.facebook.com/DeaBernadette

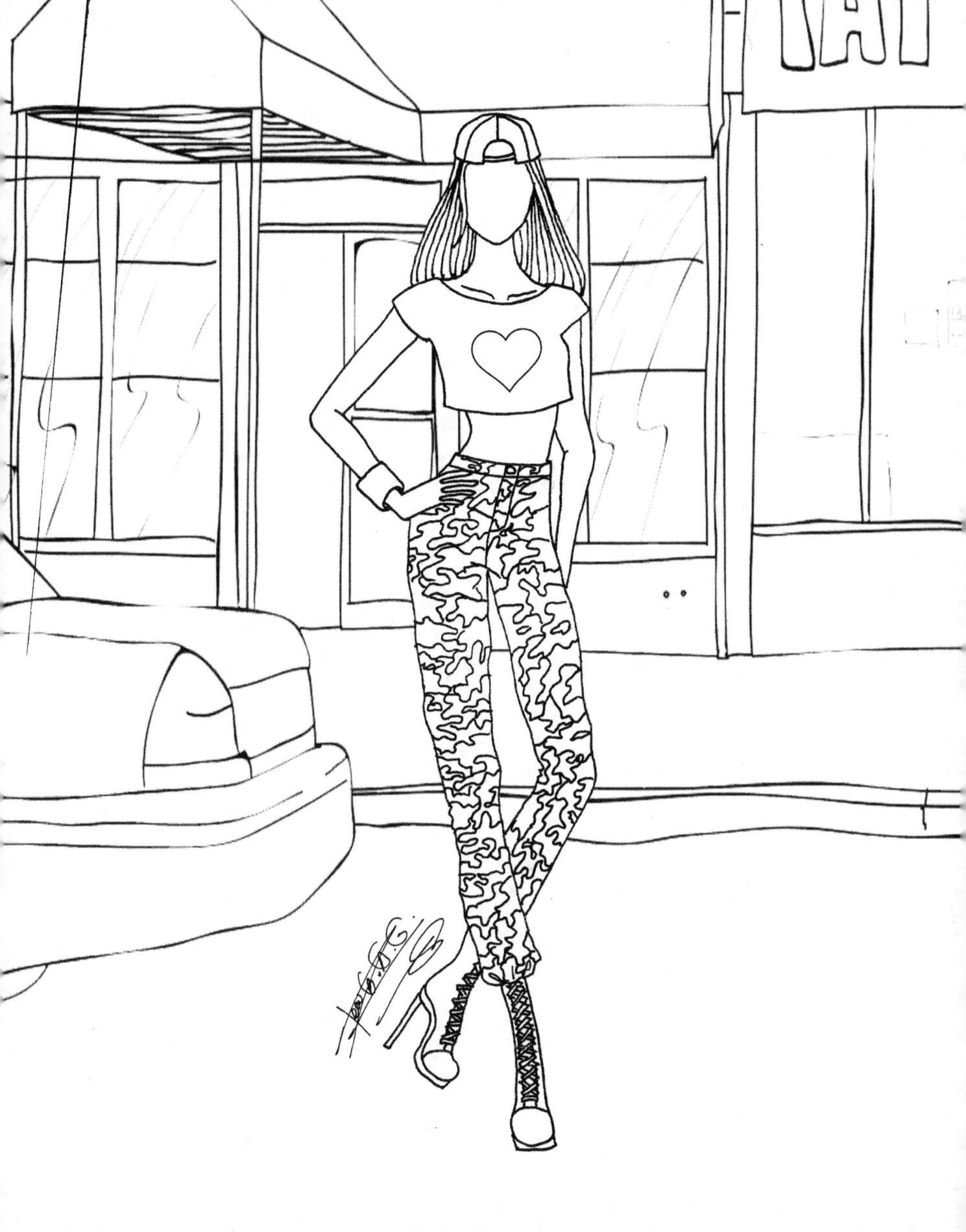

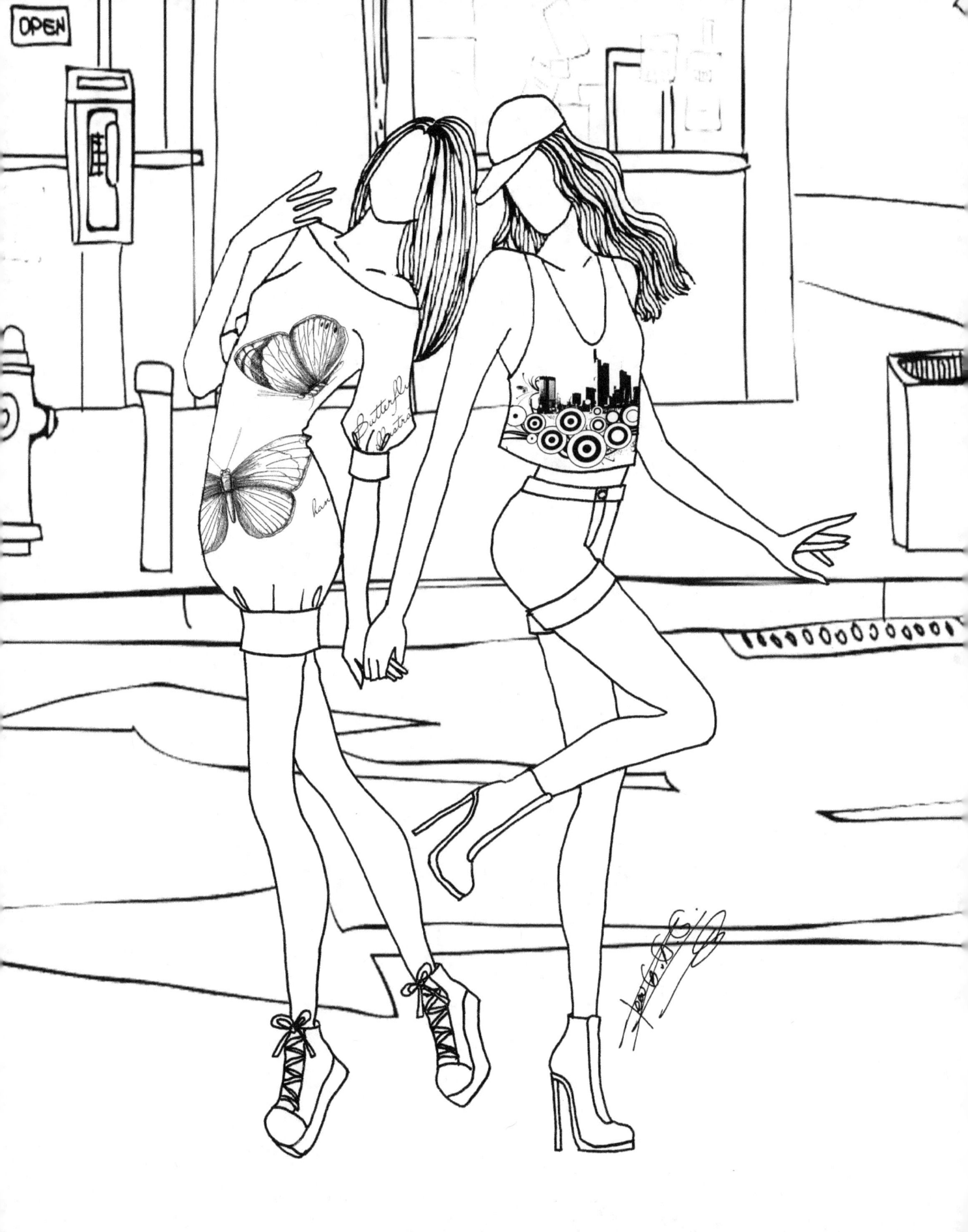

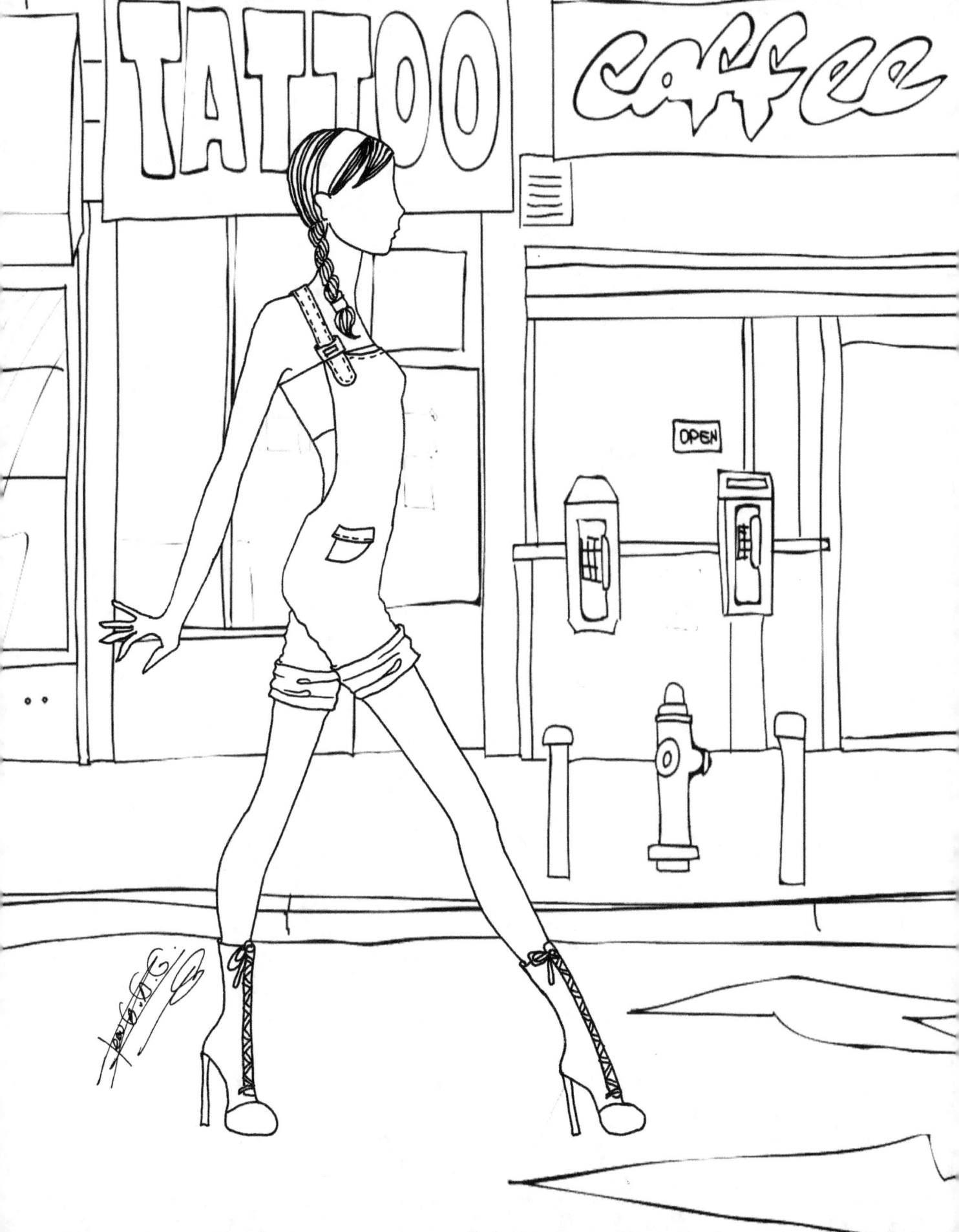

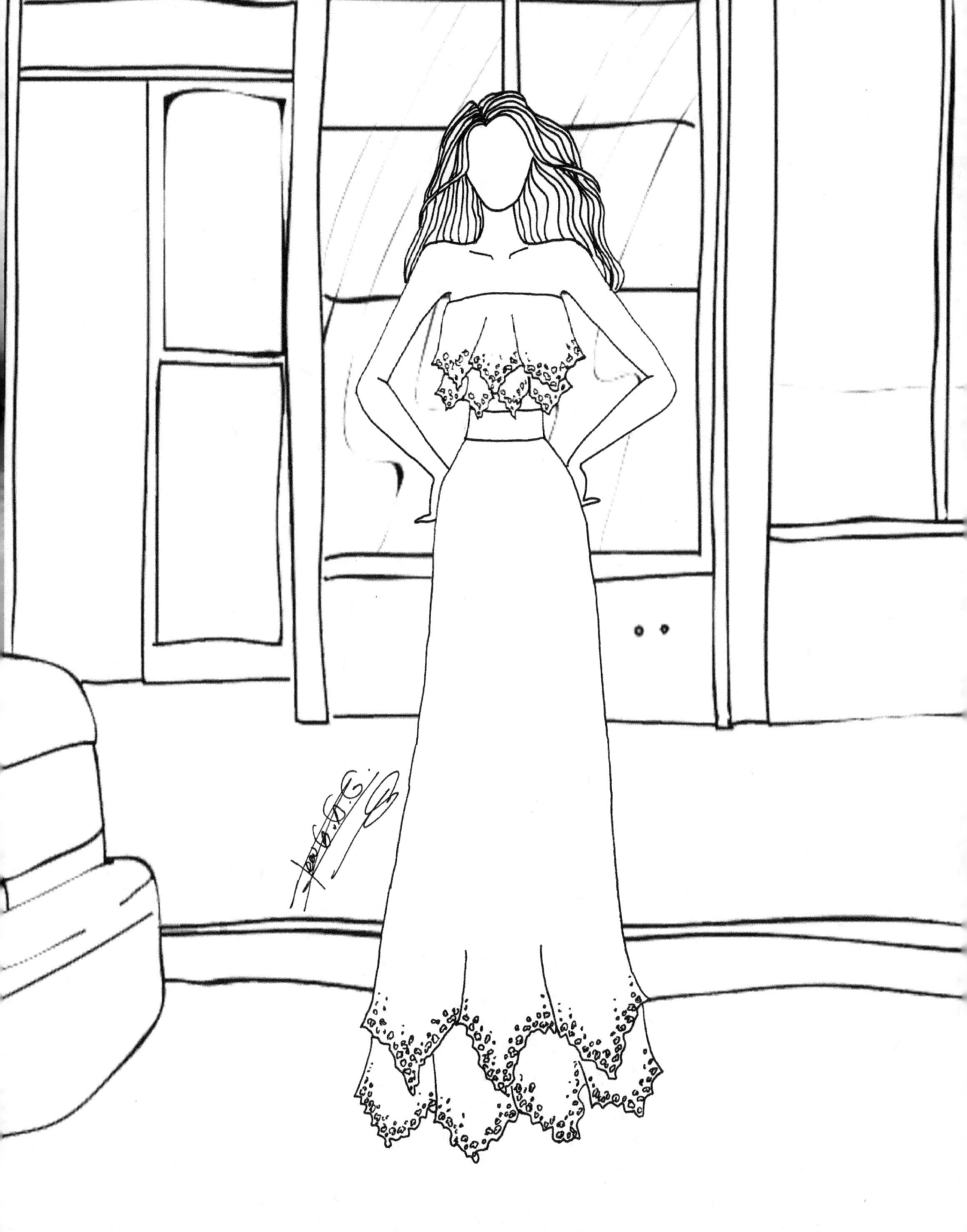

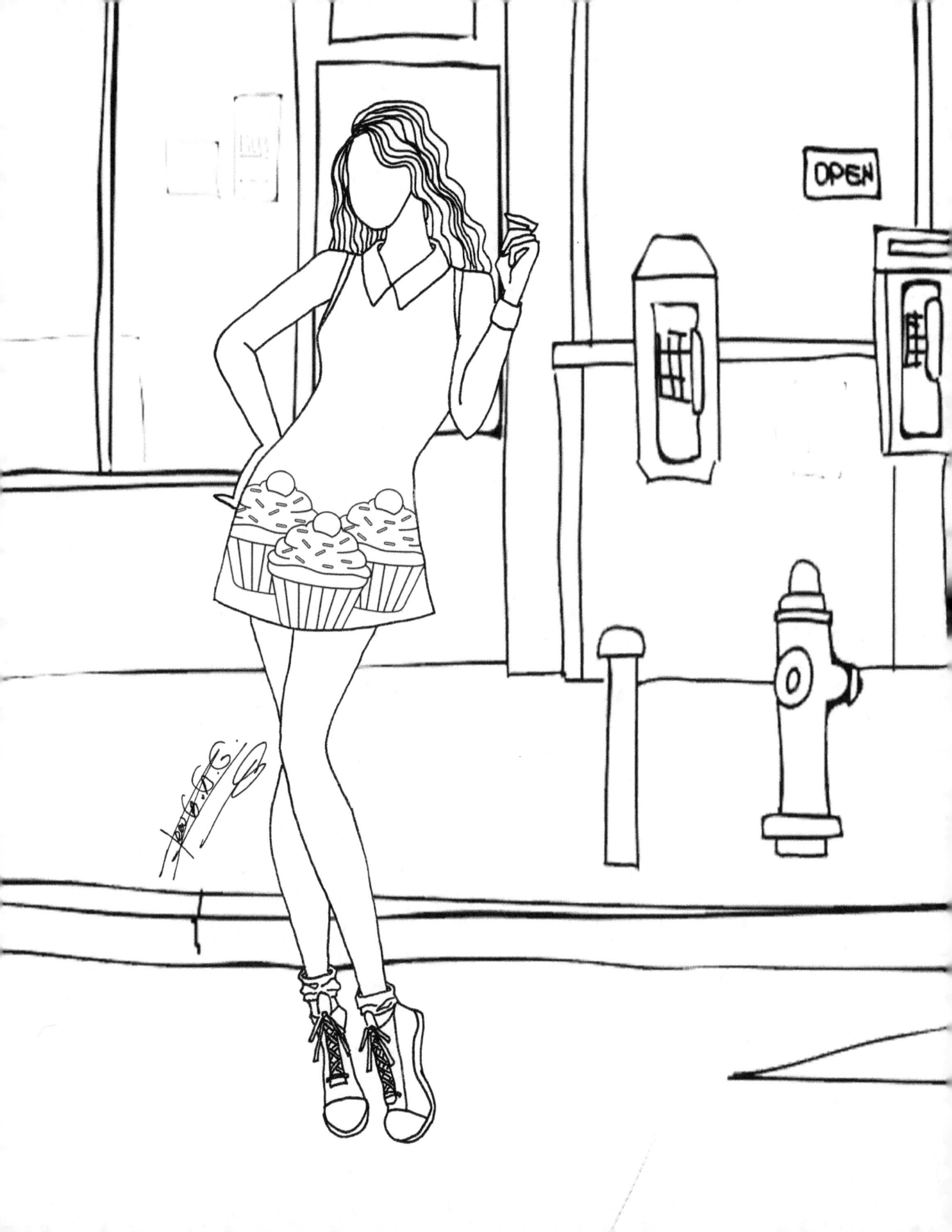

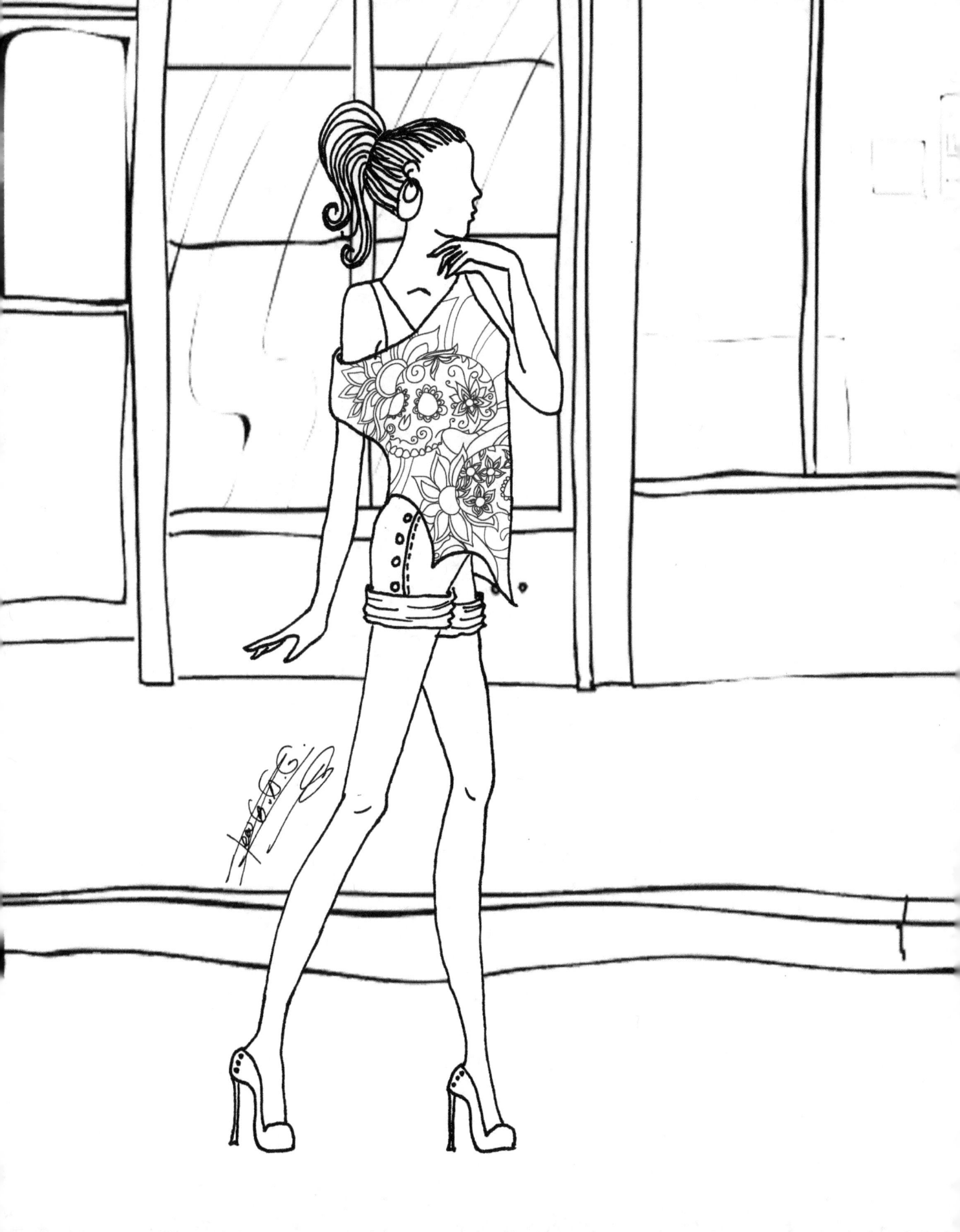

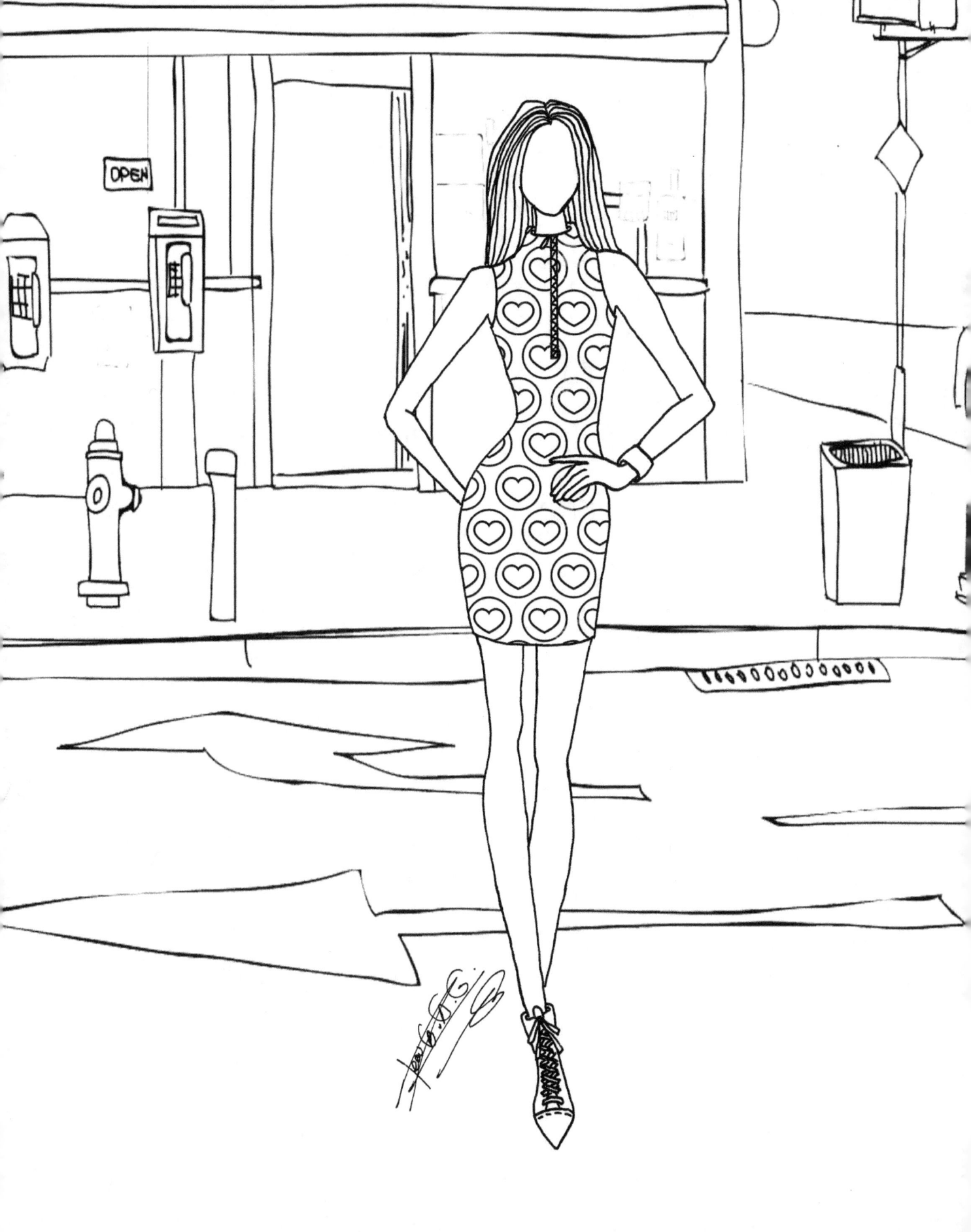

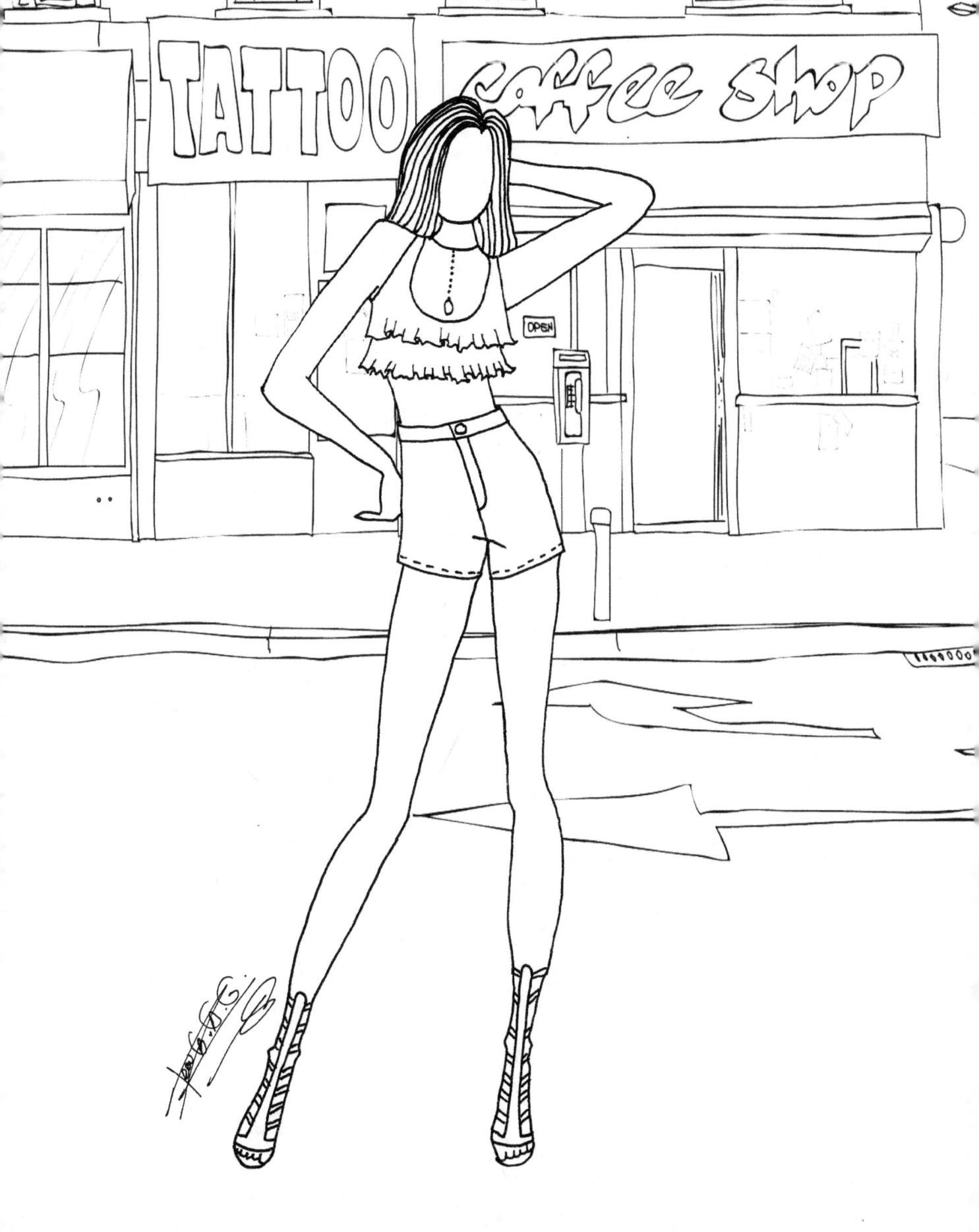

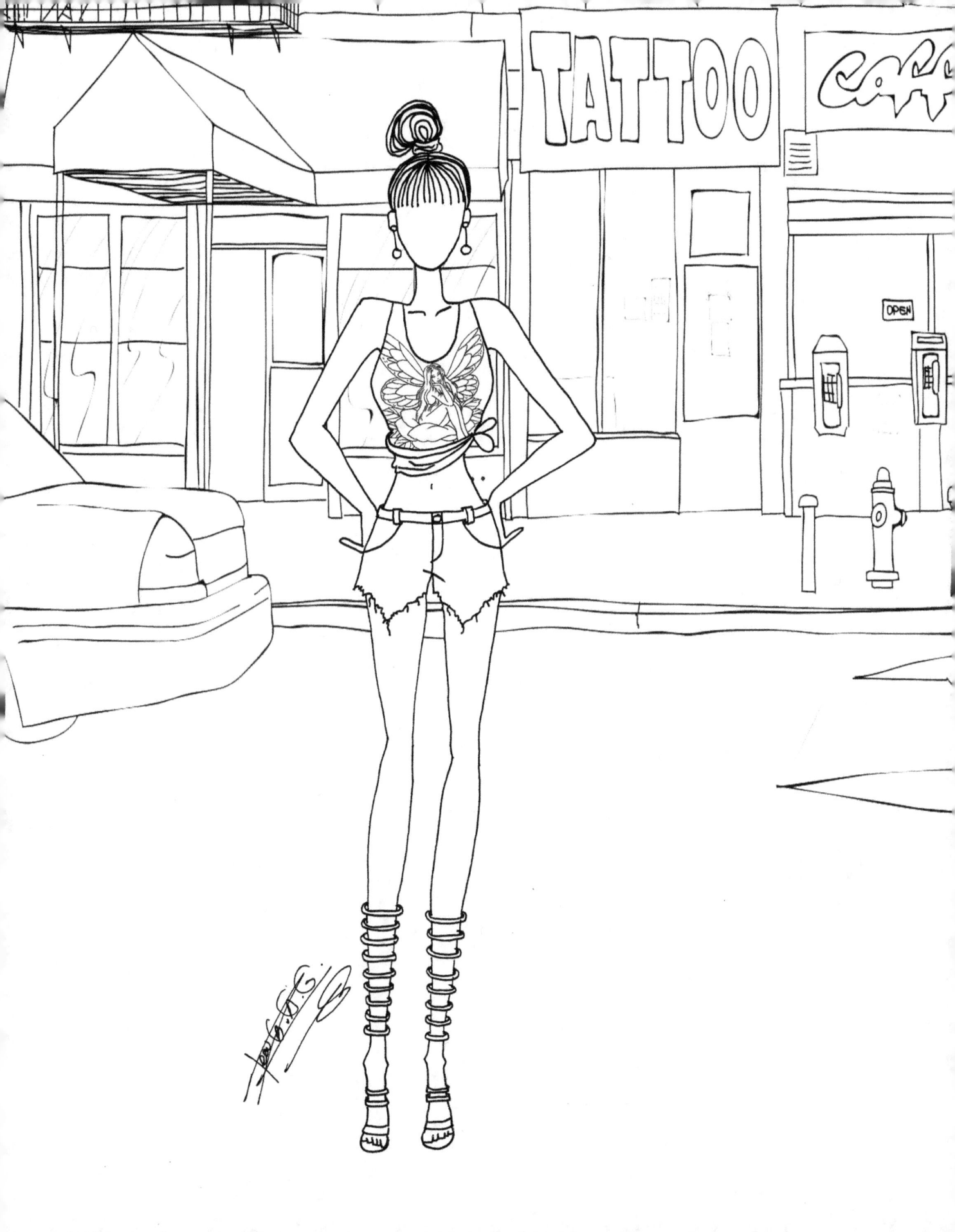

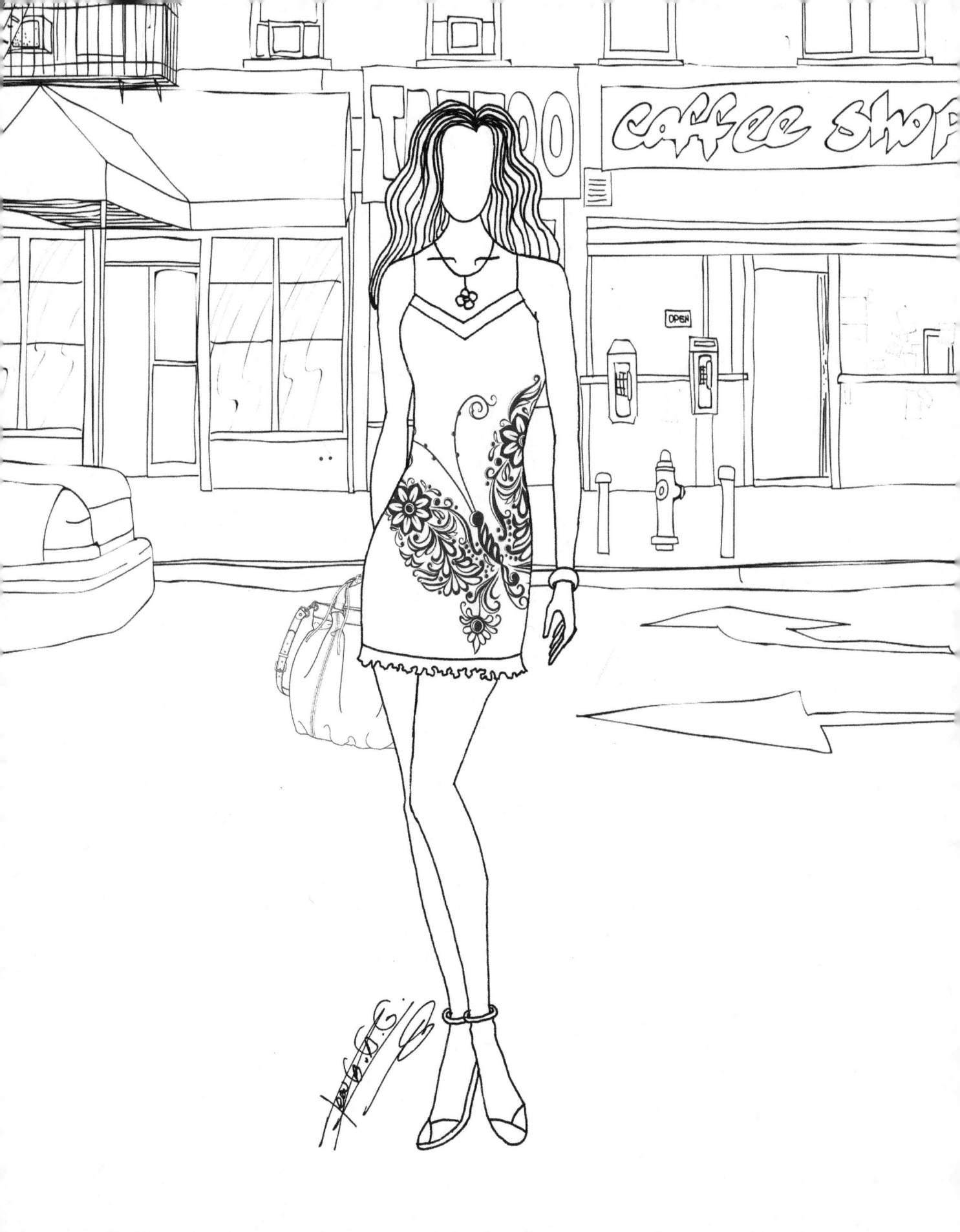

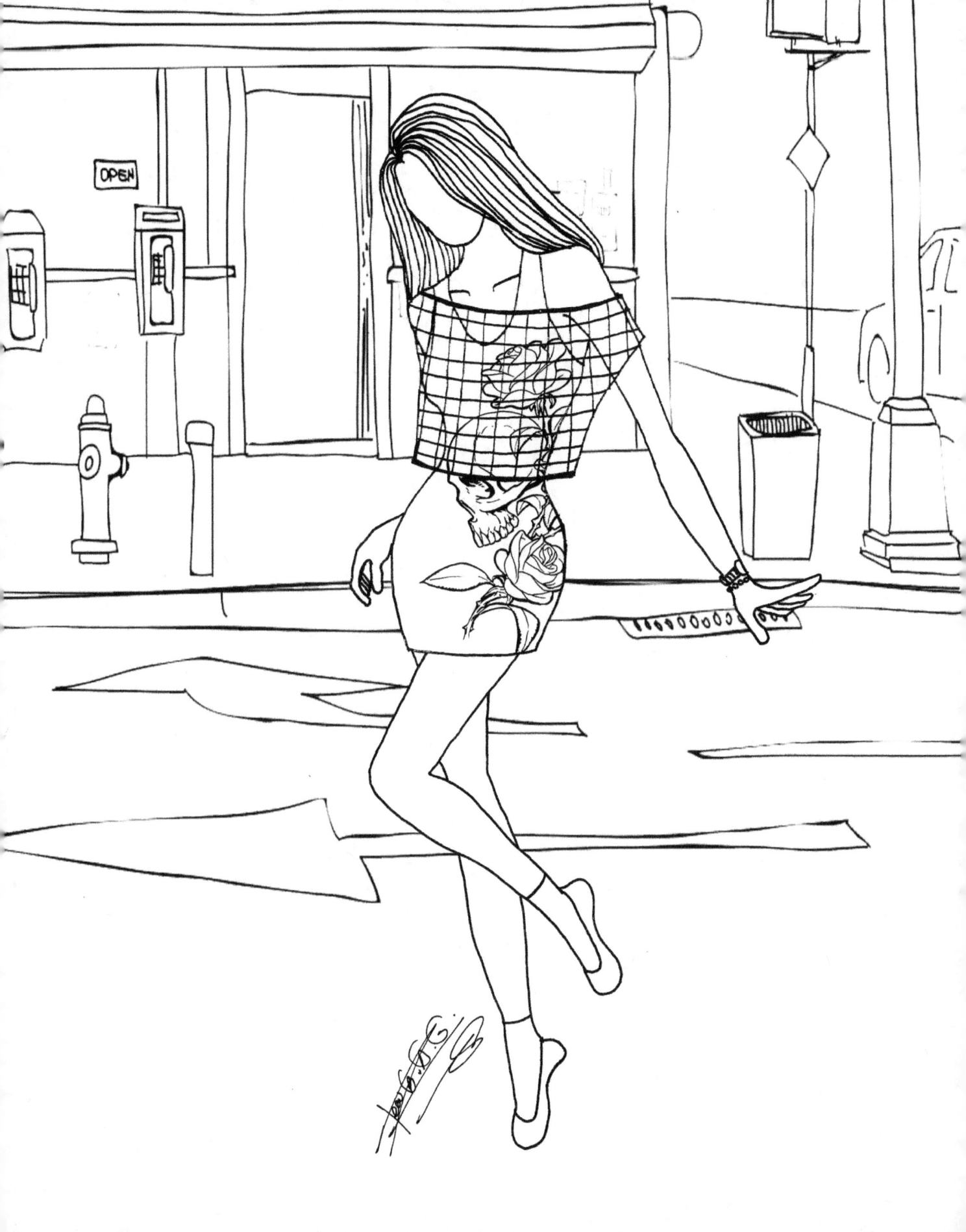

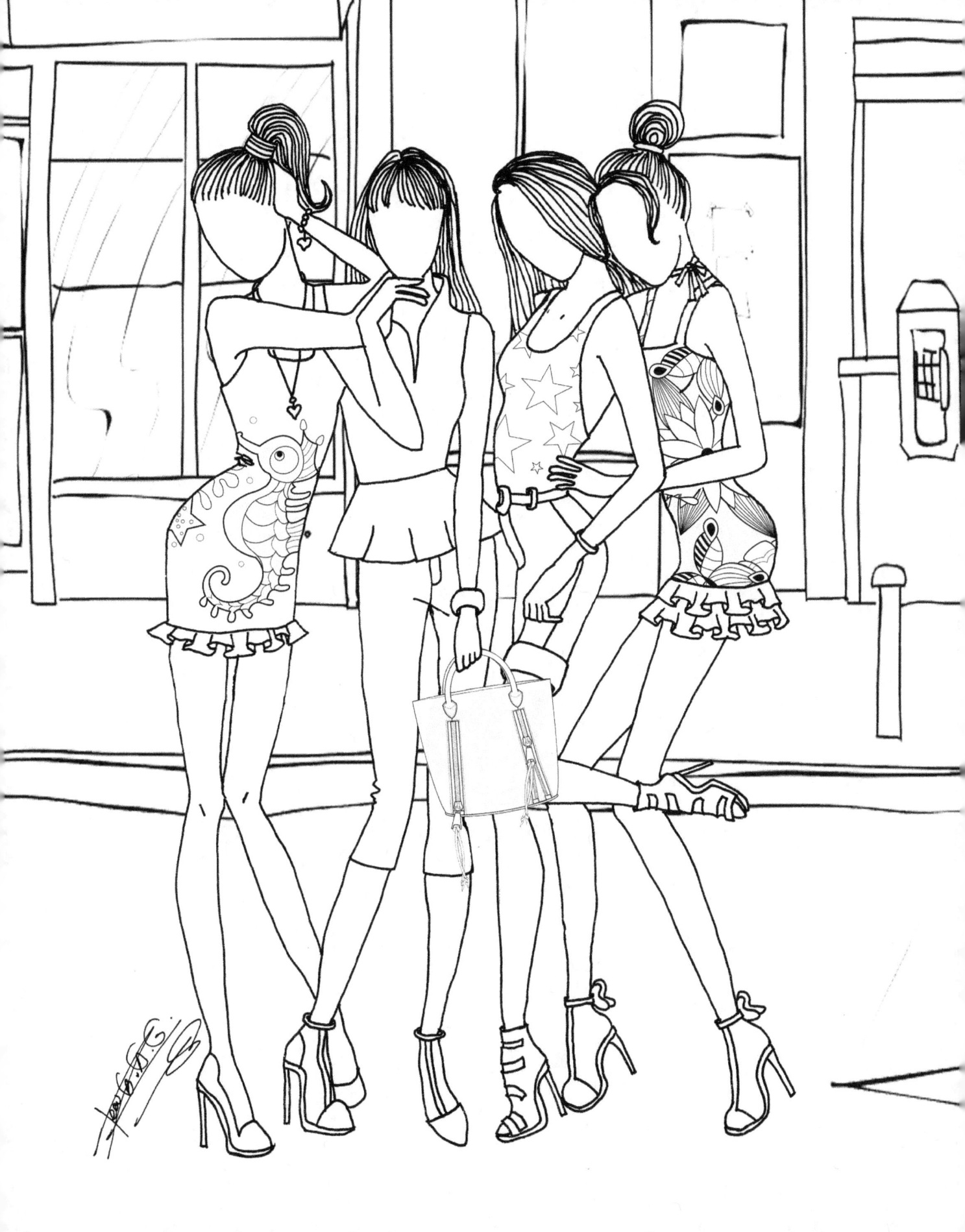

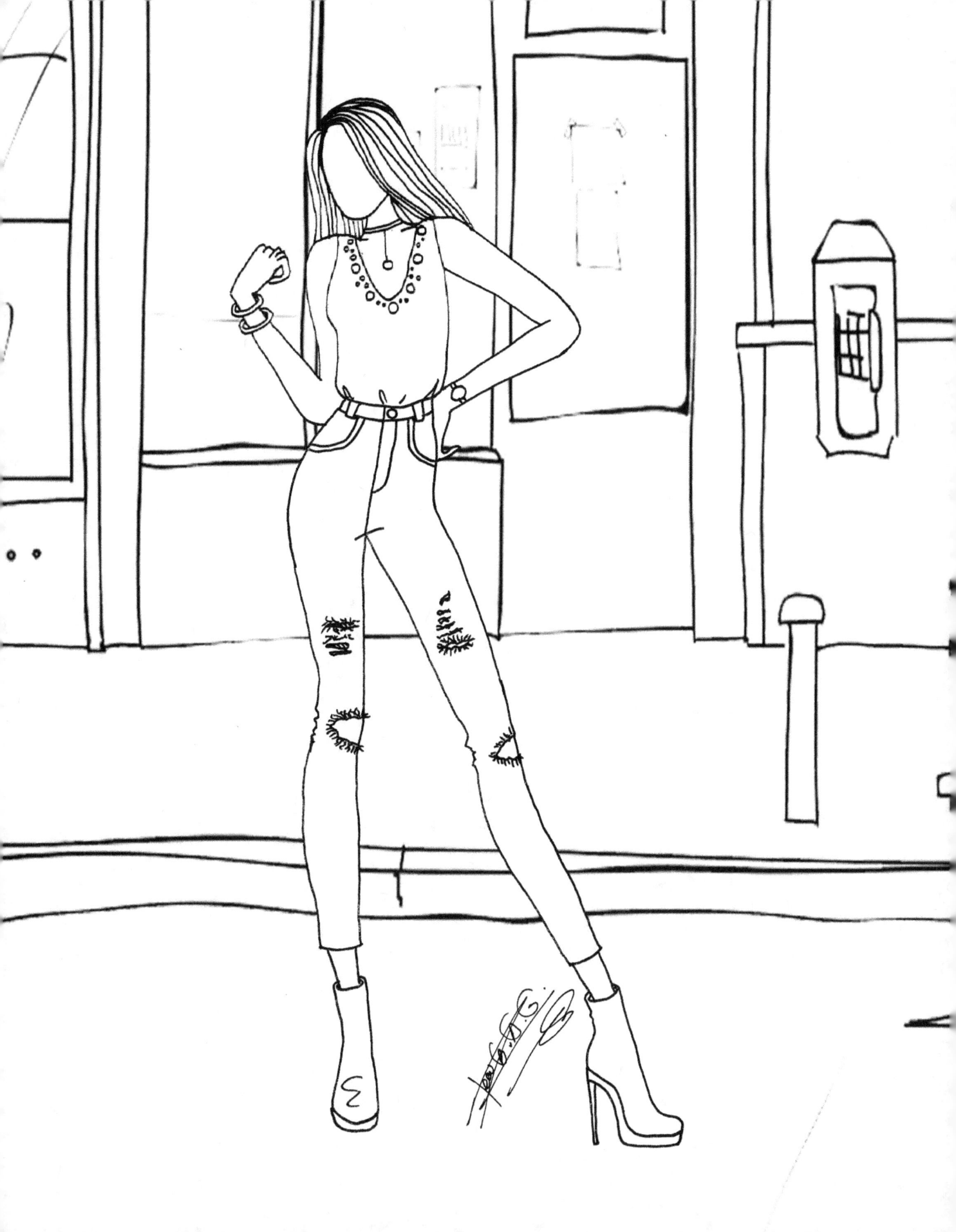

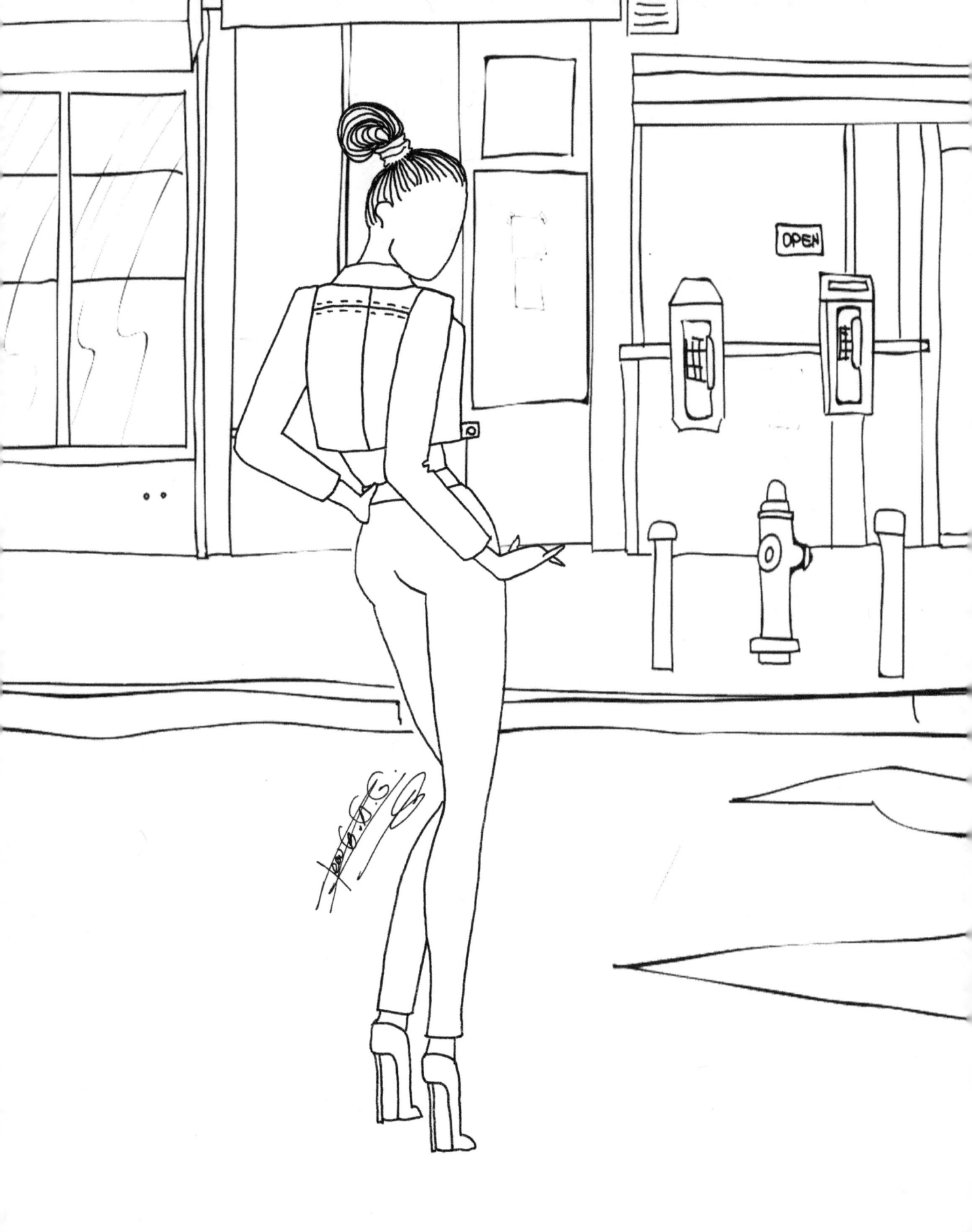

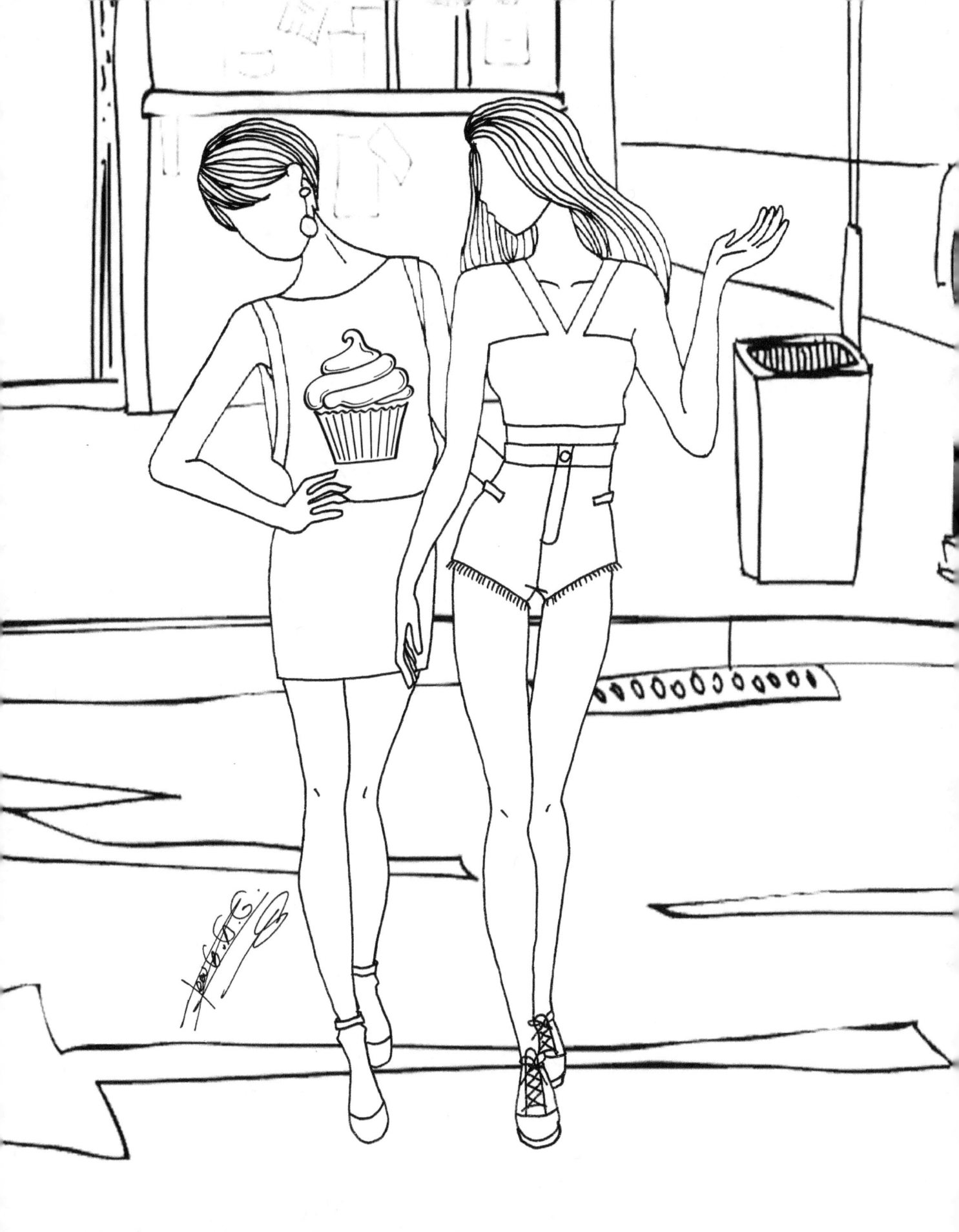

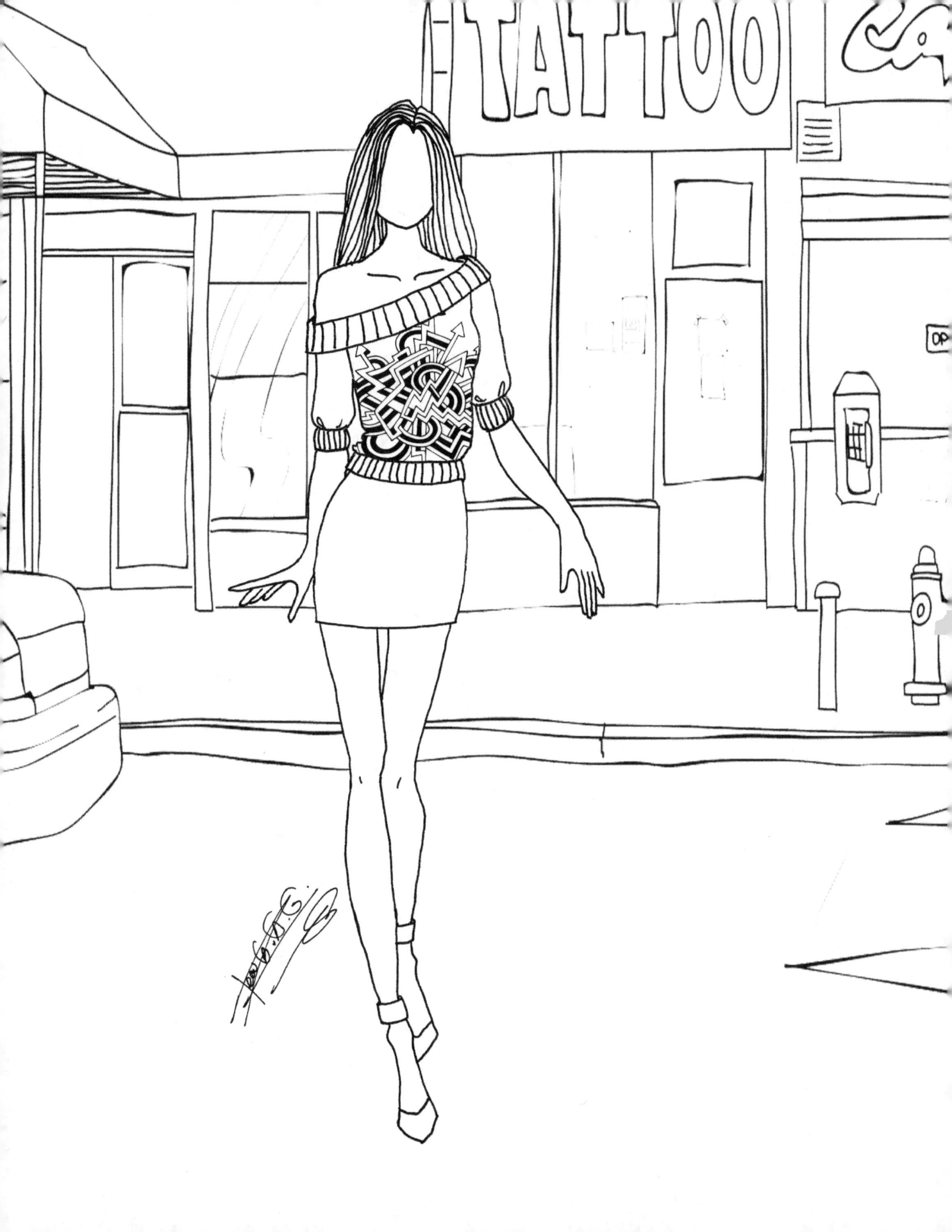

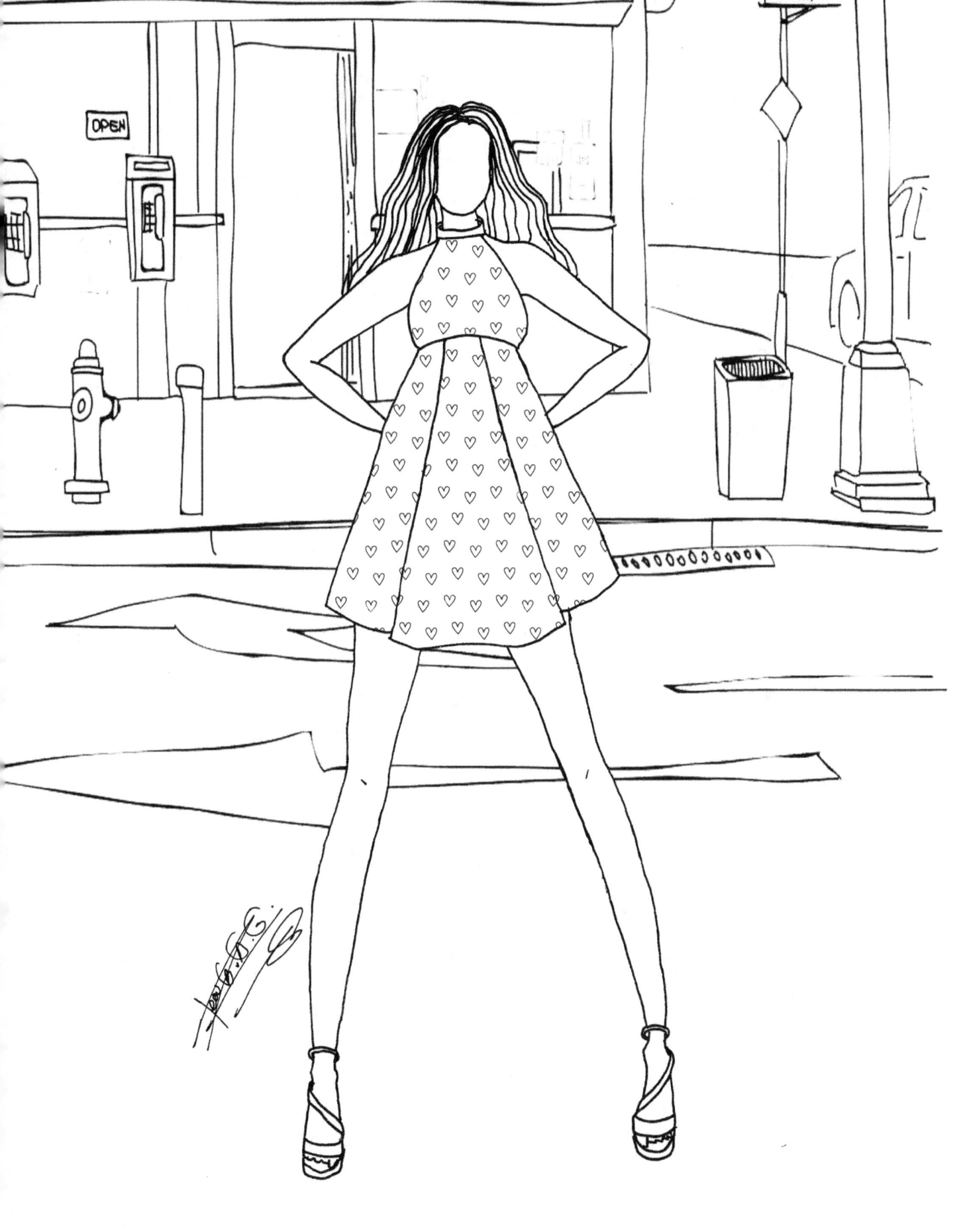

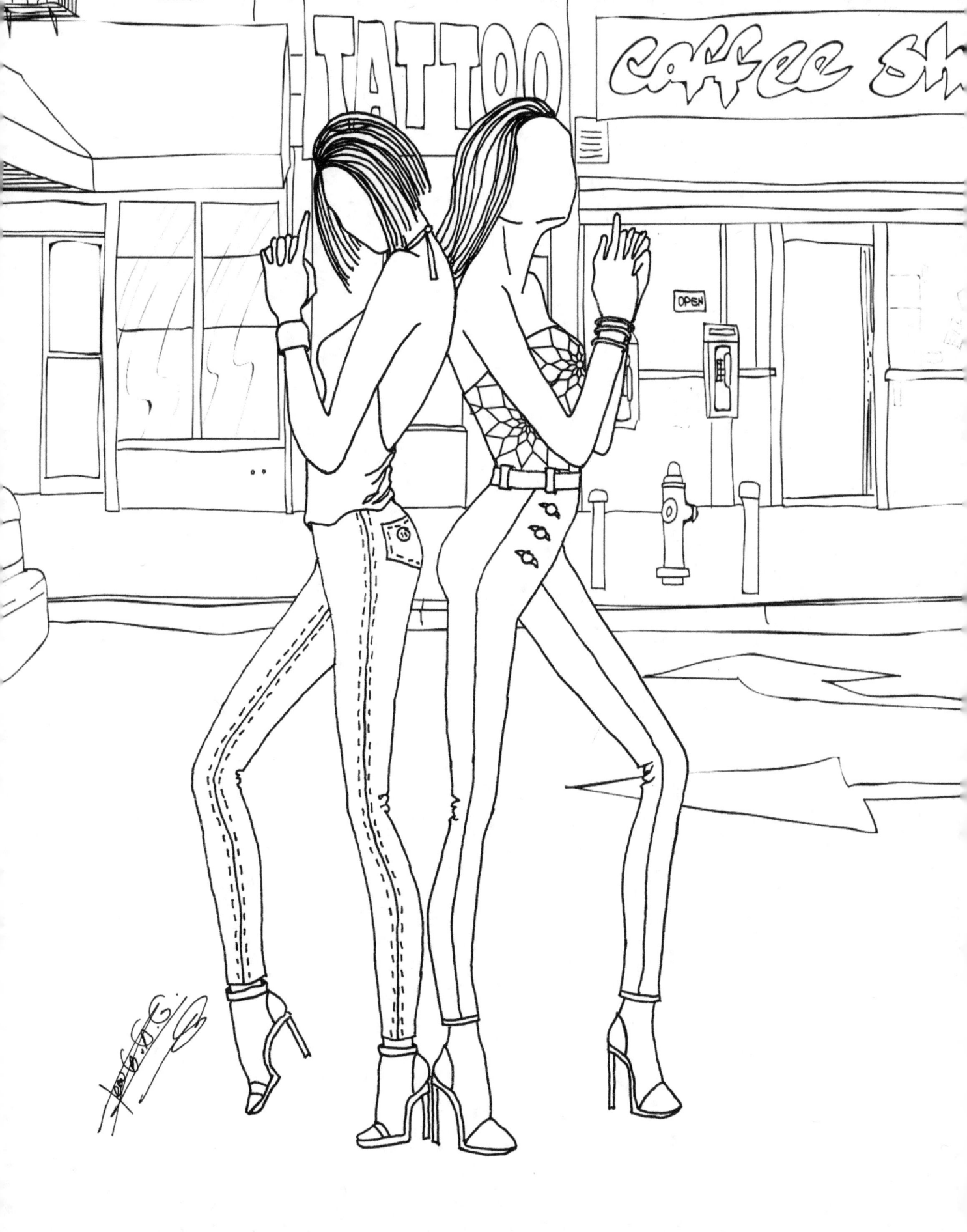

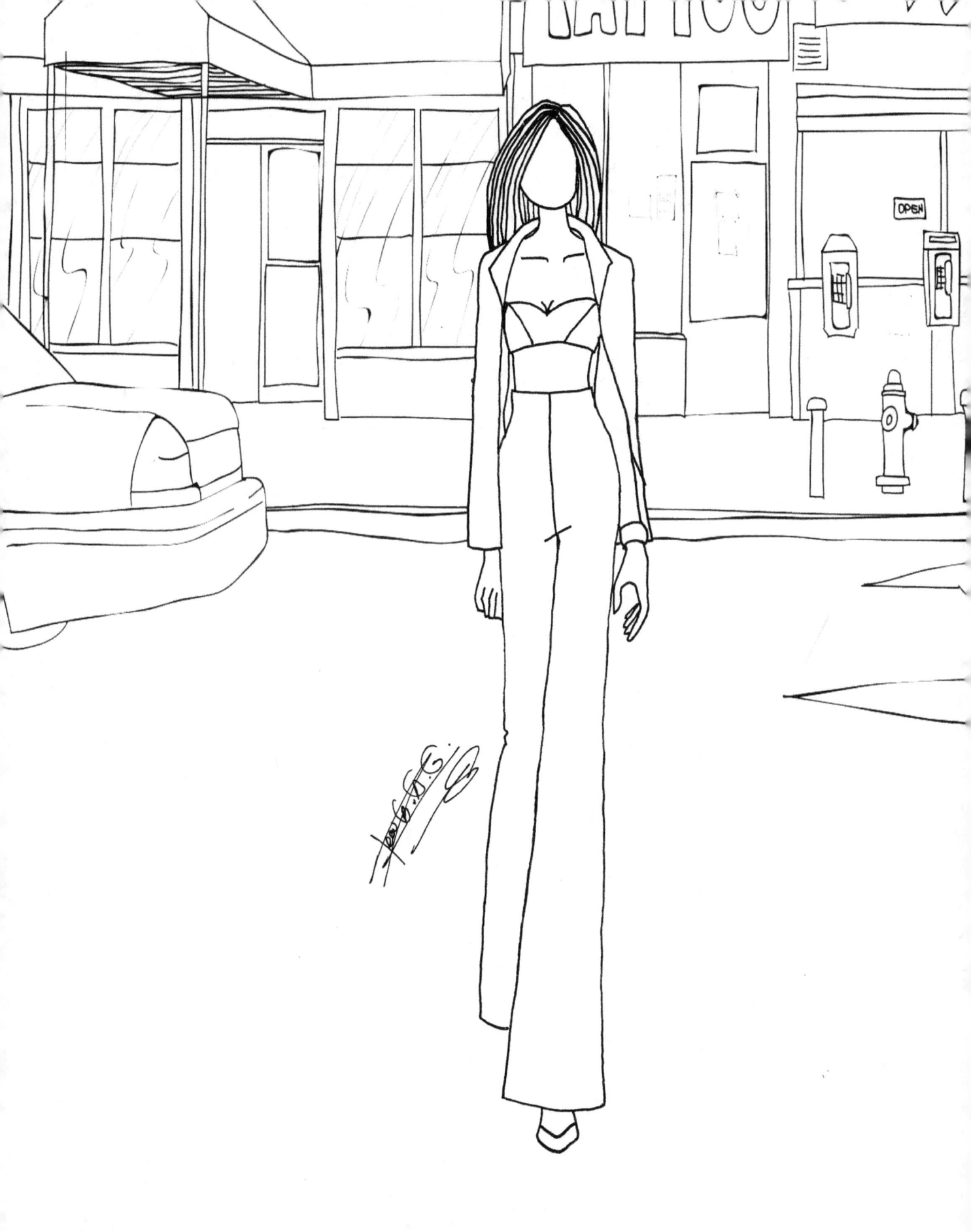

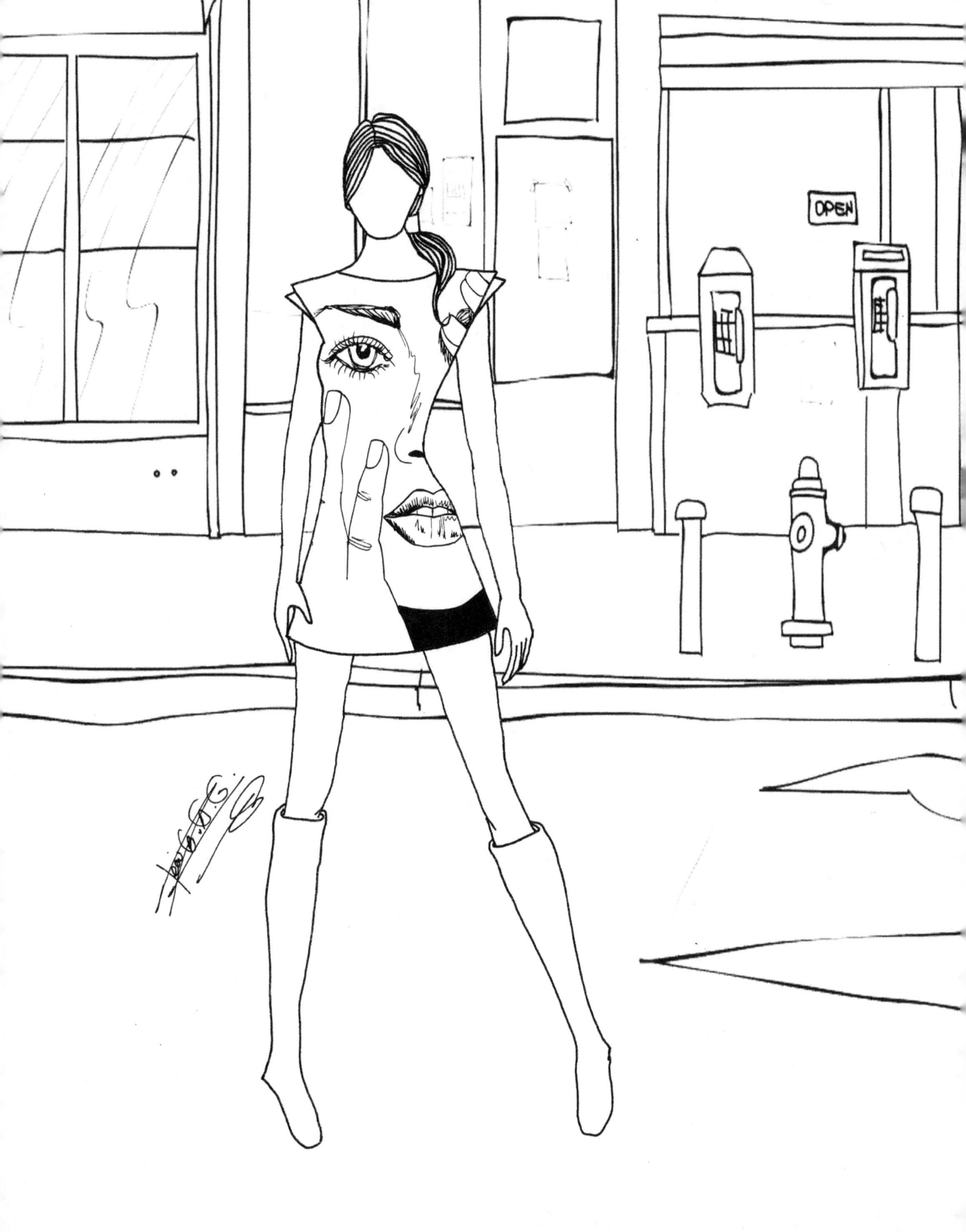

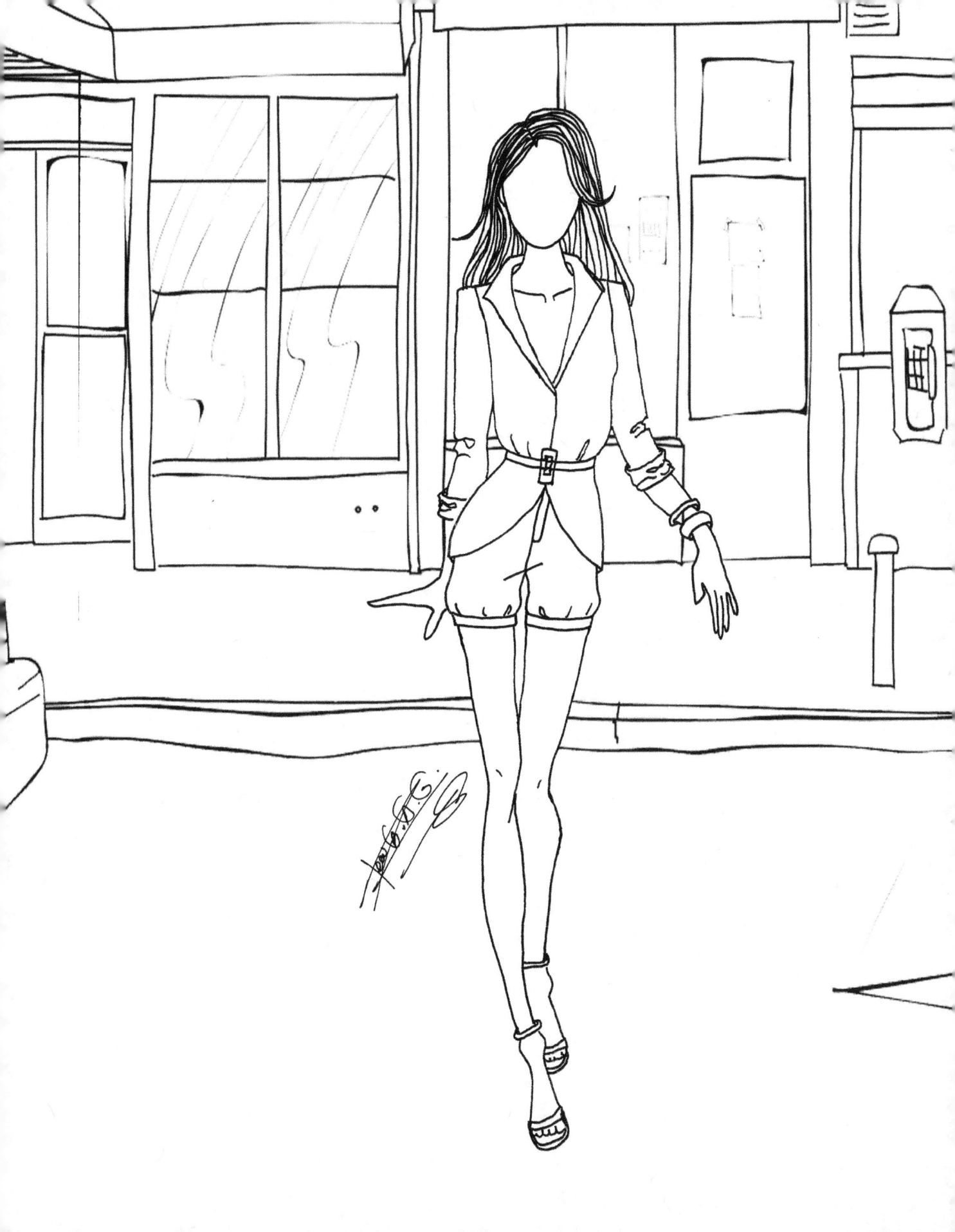

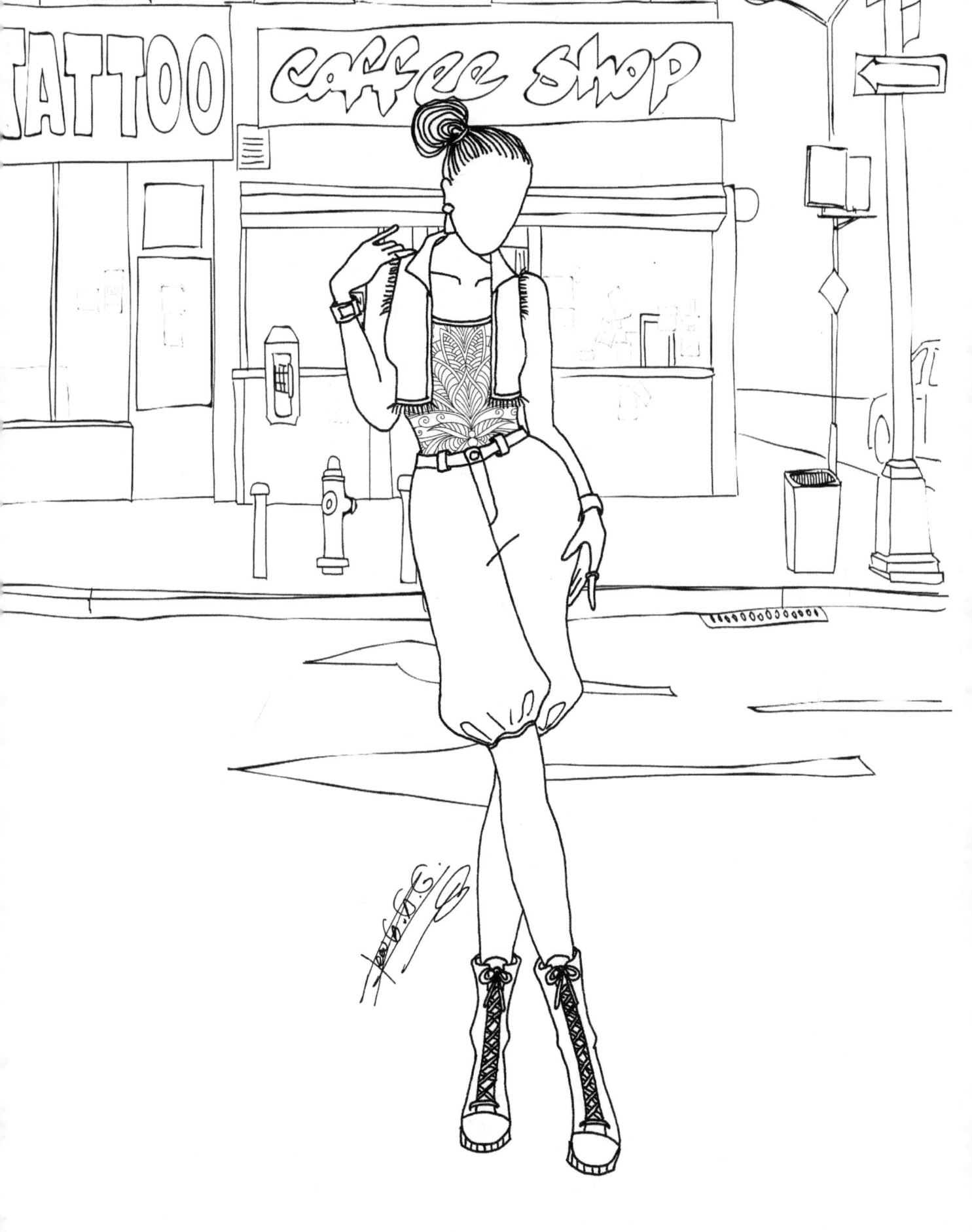

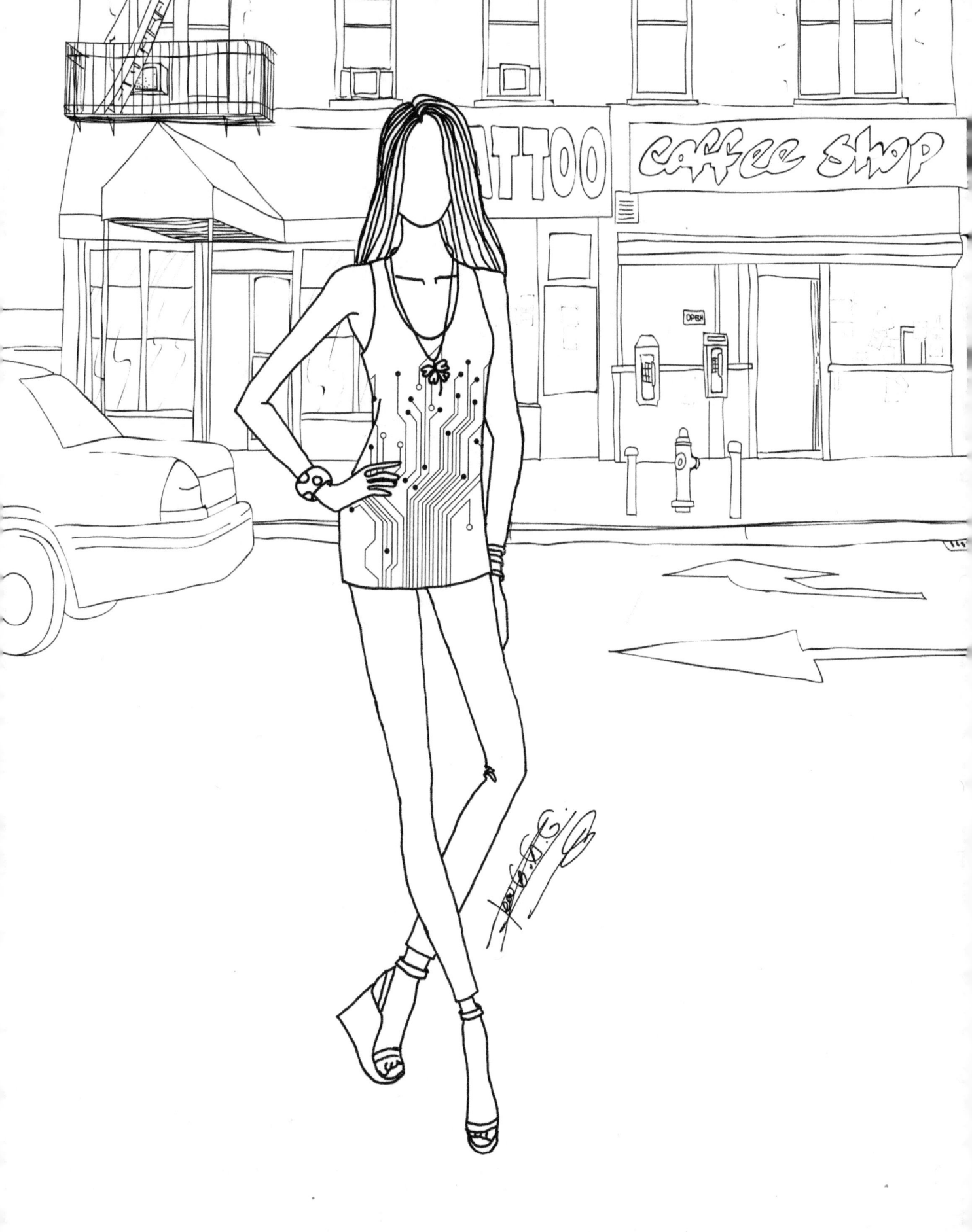

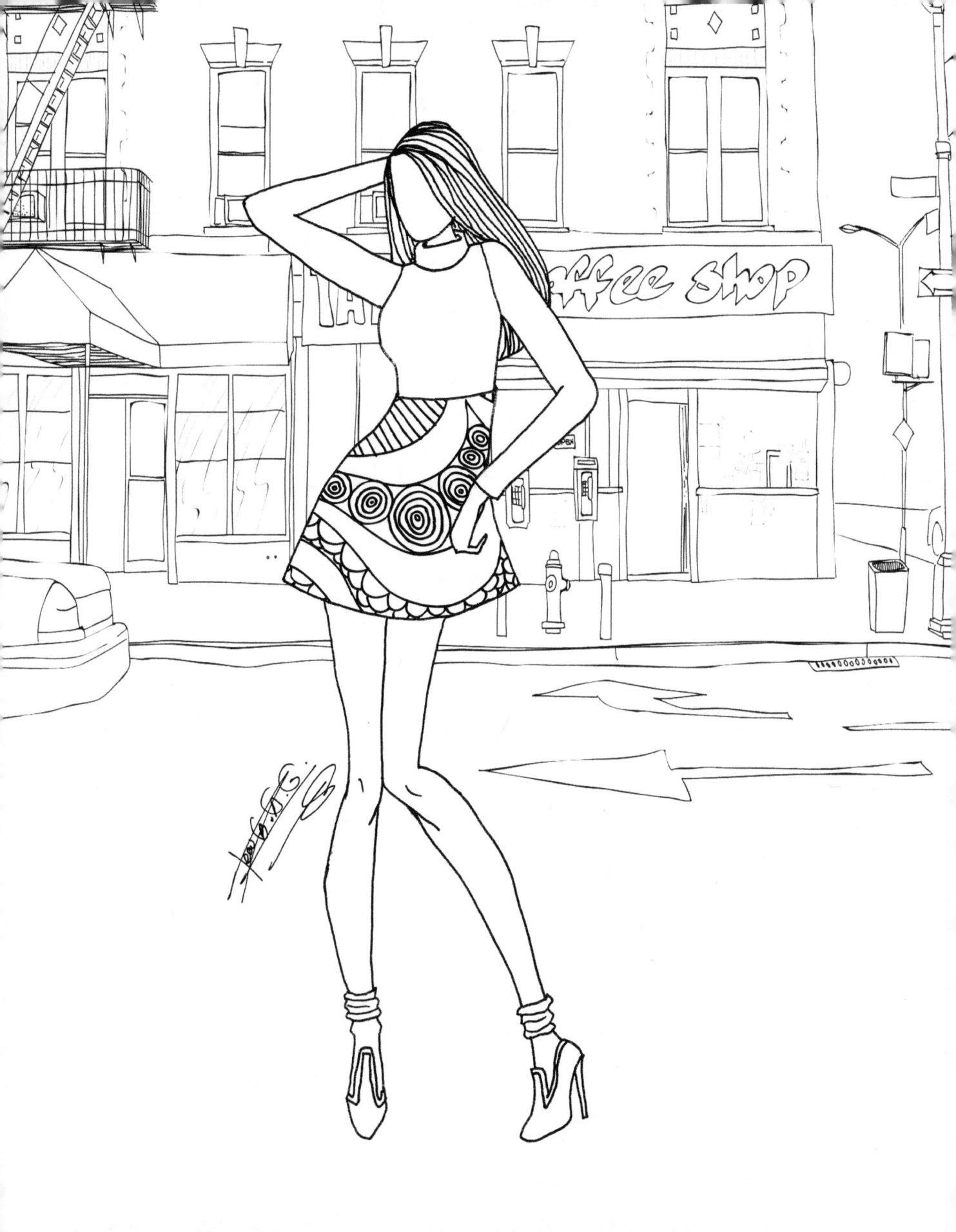

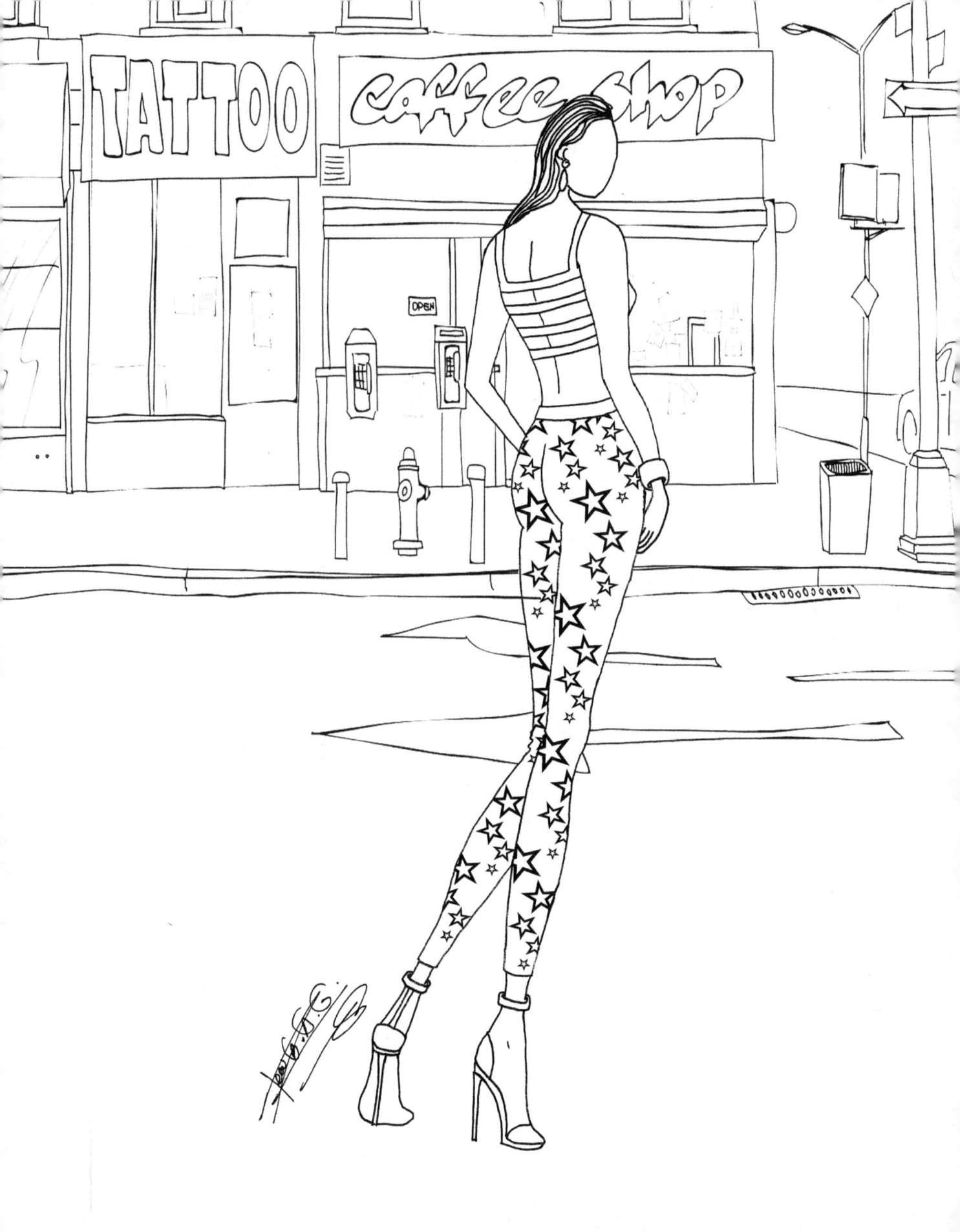

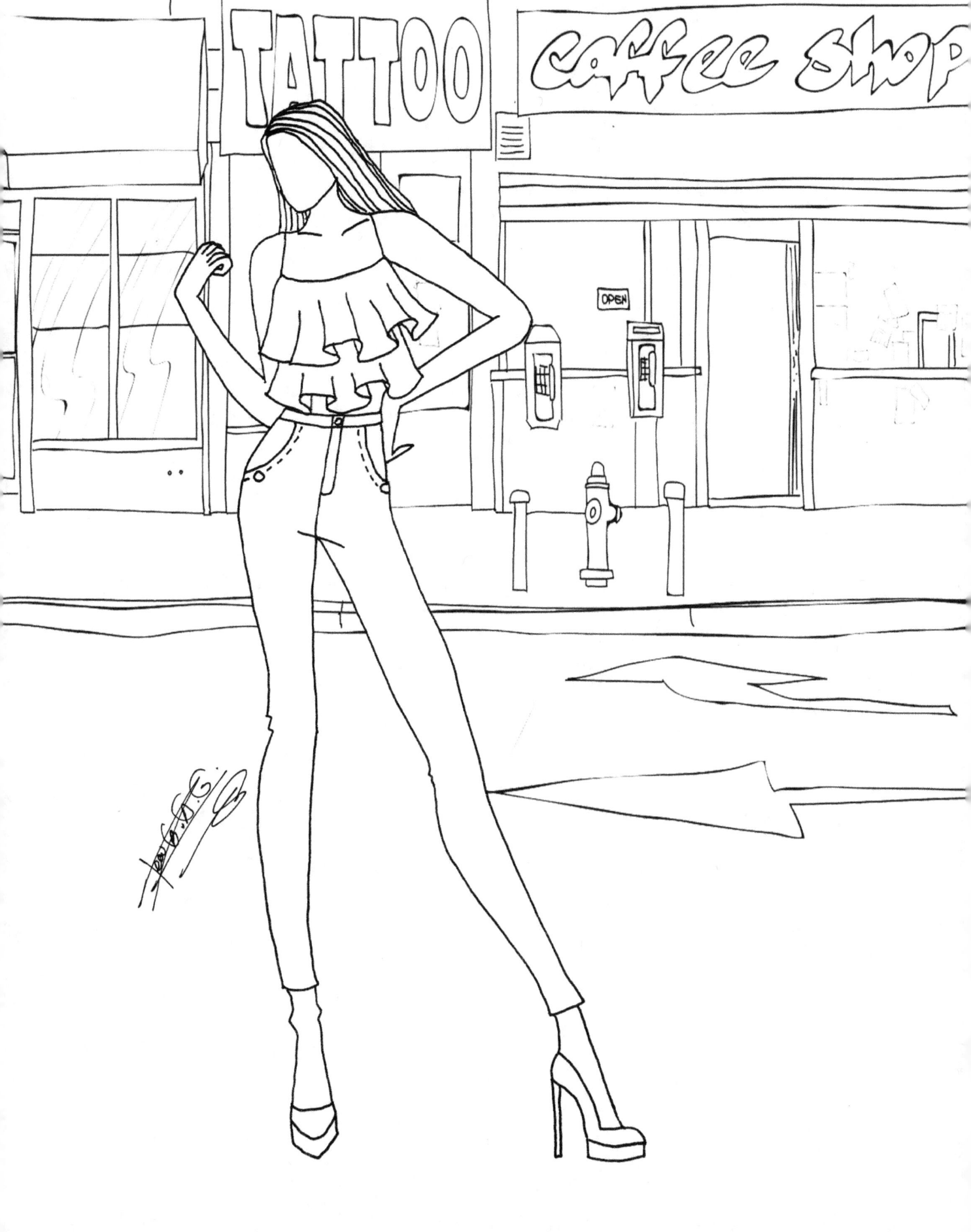

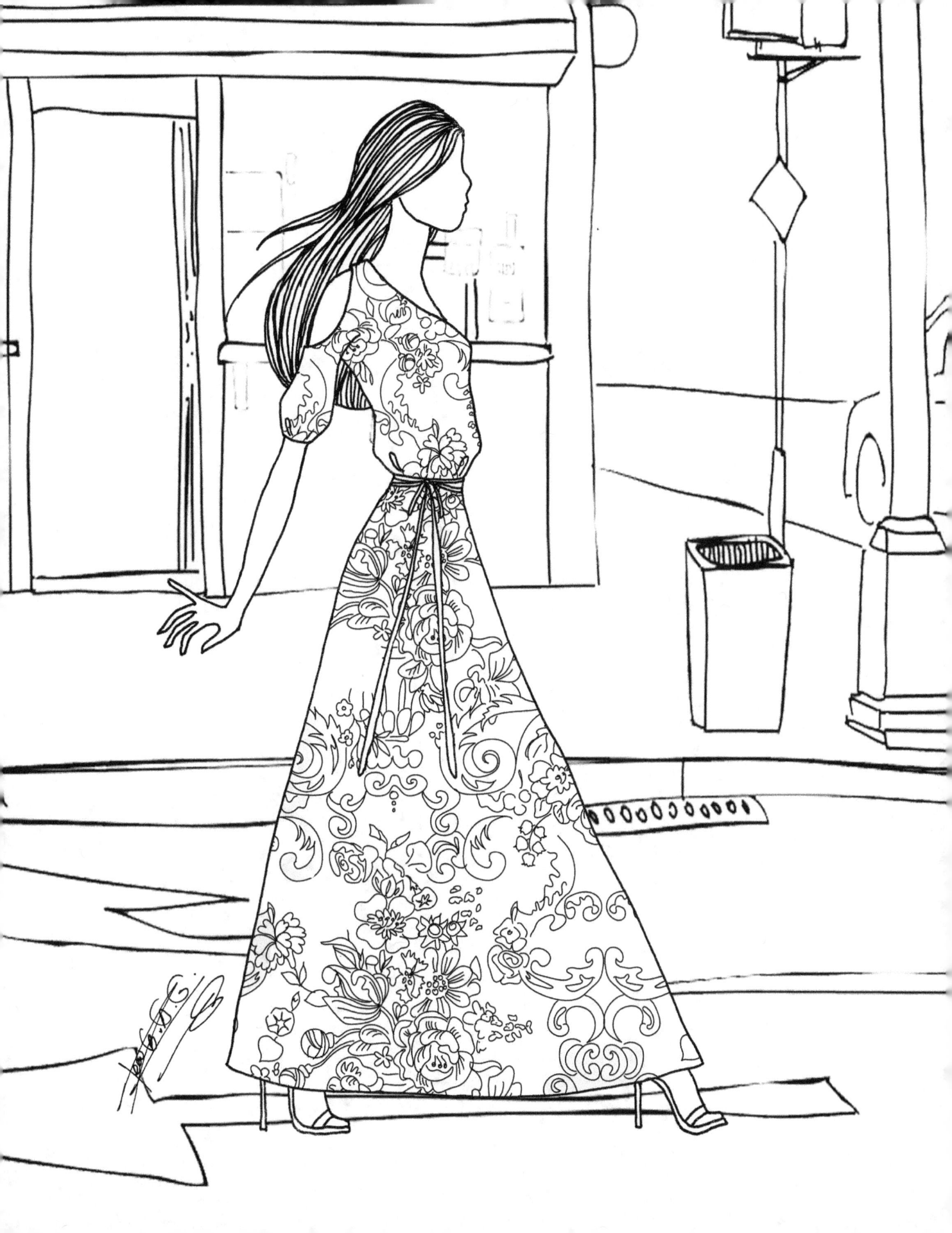

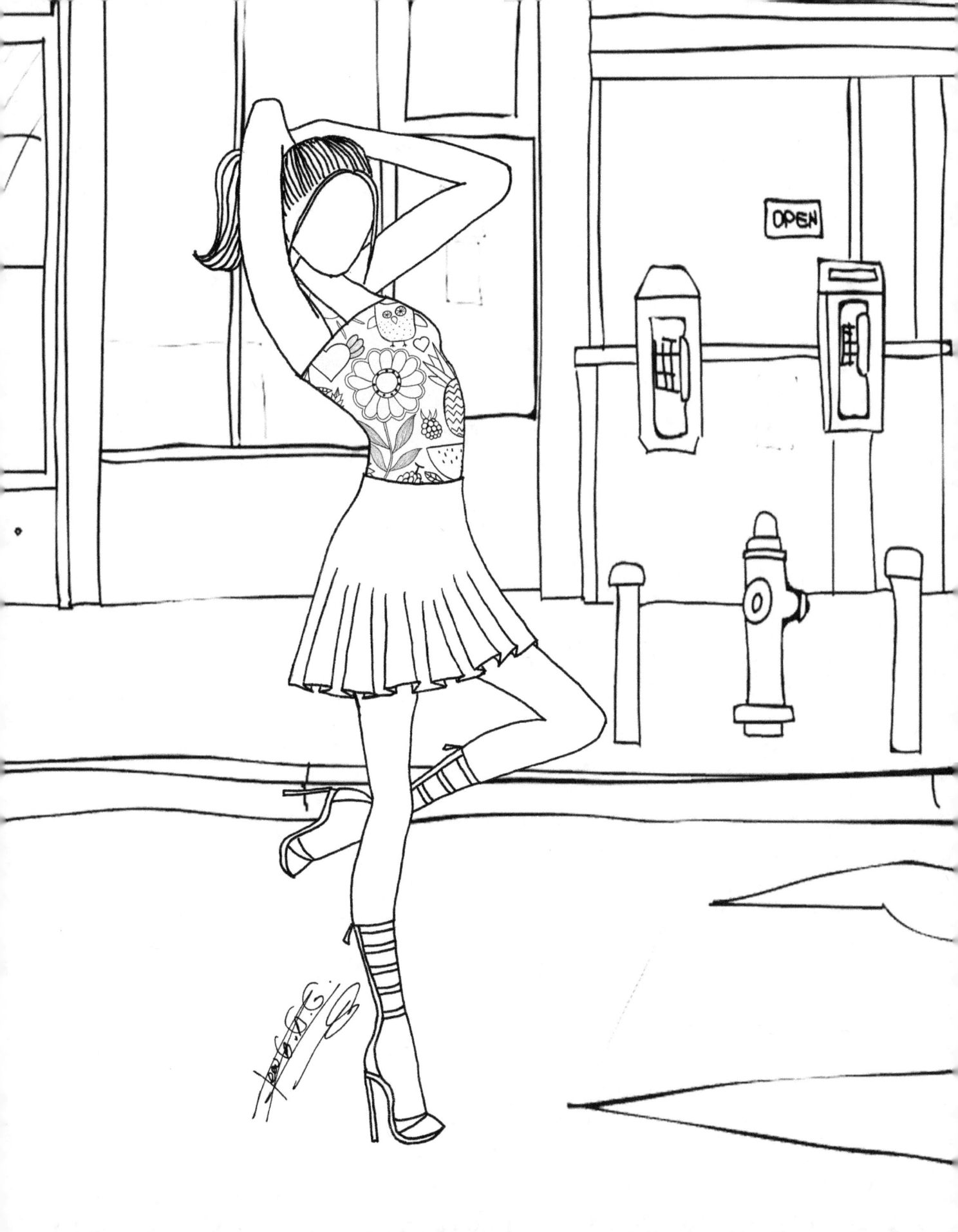

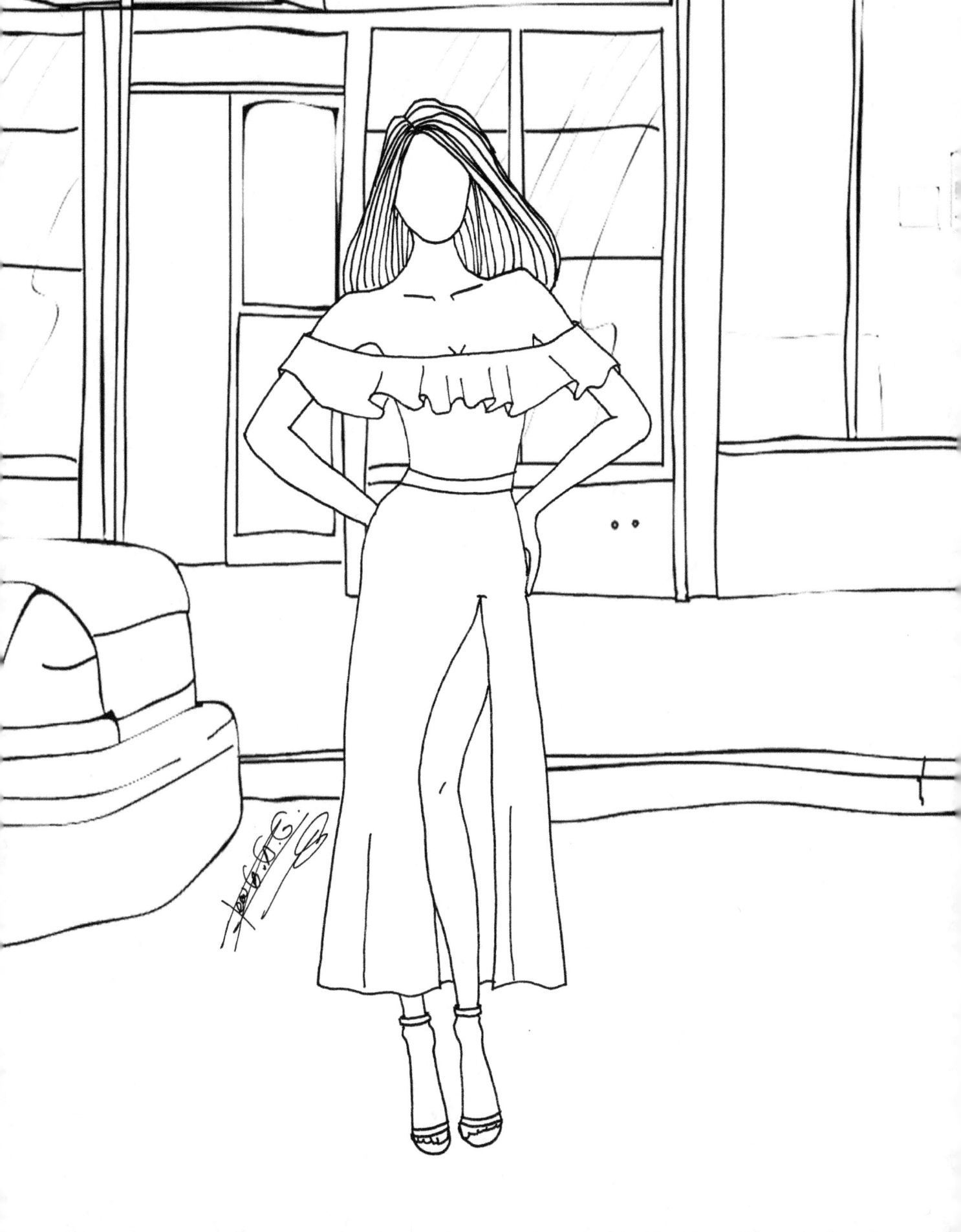

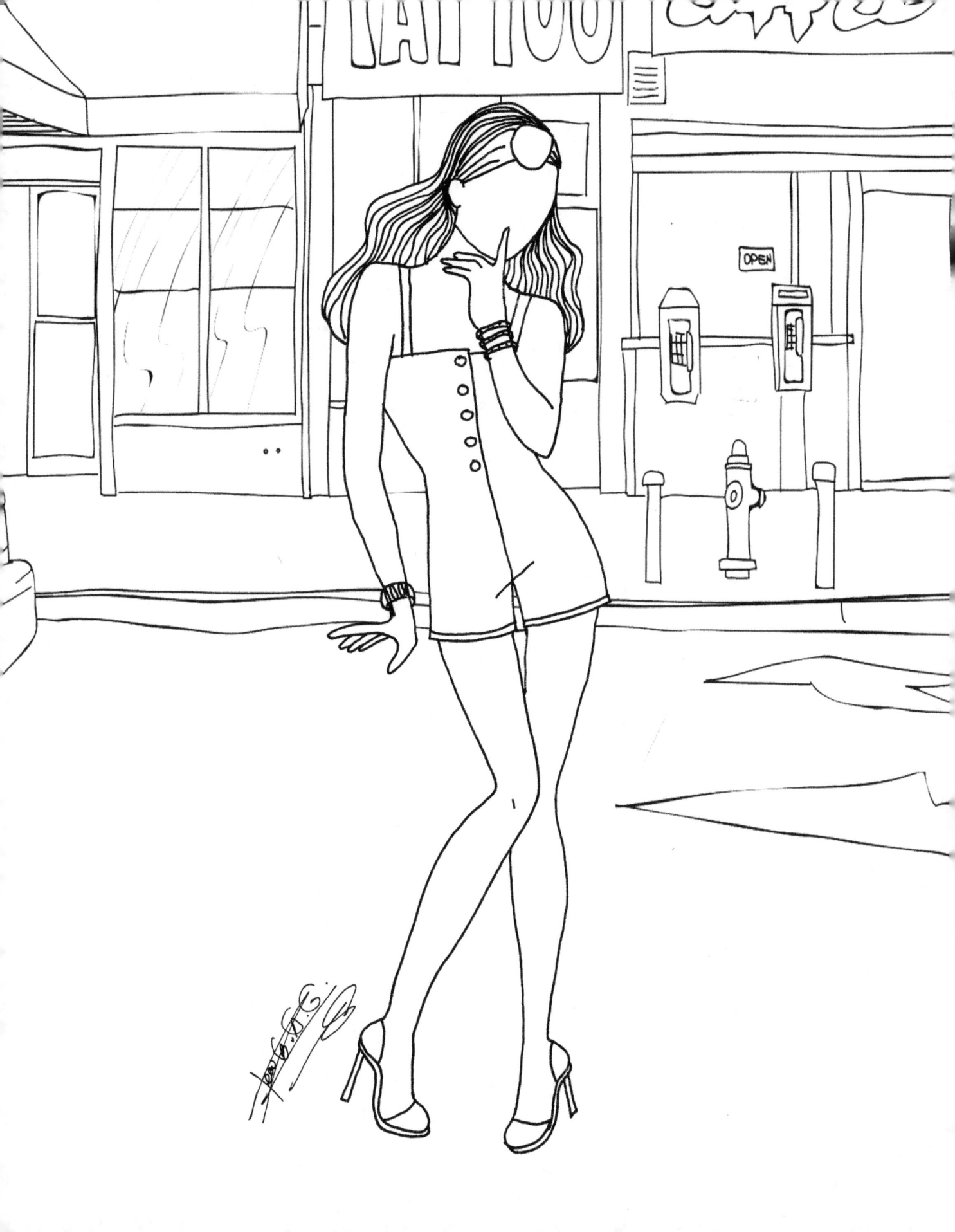

www.ingramcontent.com/pod-product-compliance
Lightning Source LLC
Chambersburg PA
CBHW051949280526
45789CB00009B/3228